Andreas Altmann
Augen der Worte

Andreas Altmann

Augen der Worte

Gedichte aus zehn Jahren

*mit einem Nachwort
von Joachim Sartorius*

Rimbaud

Meinem Vater

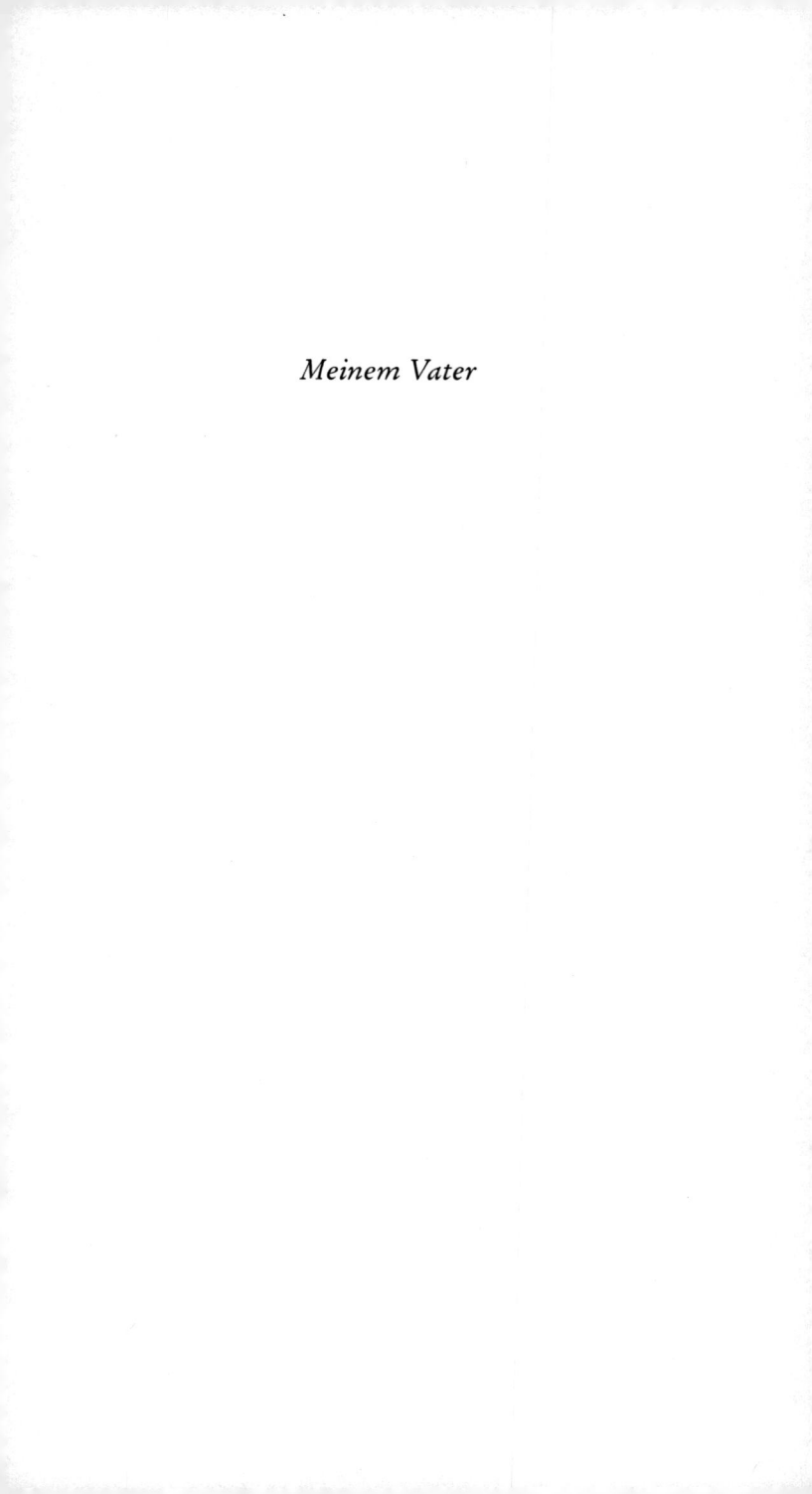

augen worte

langsam wachsen schatten der bäume
zu. schnell vergesse ich ihre blicke,
in denen sich worte bewegten,
die in den schnee fielen. sehr oft
habe ich auf ihn gewartet.
sein schweigen war ohne farbe.
ich will nicht die toten zählen,
denen ich nachgeschaut habe.
die augen schlossen sich auf ihrem grund.
jetzt haben sie mühe im licht
und die schatten der bäume geduld.
es gibt viel zu sehen. für immer
weniger haben die augen worte.

mai 2001

die dörfer

lanzendorf verwunschen

das fenster öffnet die wand des hauses daneben
licht stellt sich quer die tür bist du selbst
zu den orten der fußweg steigt an den mauern
empor der fluß läßt die enten stehen
das dorf hat die stimme geöffnet schlaf
nimmt dir stunden vom tag die brücke ist schwer
für die flucht sie hat dich ans wasser verraten
das fließt vorüber als käme es nirgendwo her
das haus hat tote verborgen
die an schritten geblieben sind
die leere der zimmer voll gestellt
steinen hast du bilder auf ihre wunden getragen
gewächse leben mit dir sie brauchen blicke
der anderen fremden sie berühren dir täglich
die finger sie führen die hand vors gesicht
du mußt ihnen folgen sie pflanzen sich fort

dorf mitte

hinter der kirche im loch,
das er grub, rostet ein bagger.
landmaschinen stehen erstarrt.
häuser zeigen ihr rohes fleisch,
morsch liegt brennholz im stapel.
in der mitte des dorfes ein teich,
wiesen höfe und schweigen.
es altern die balken der dächer,
fenster sortieren den wind.
leere felder erröten am abend
an gekrümmten alleen. die kirche
und ein höherer baum legen sich schatten.
ich bleibe allein, sage mir nichts,
halt mich dem ort aus,
der mich neben sich trägt.
mein koffer ist ihm zu offen. nachts
hängt sich der teich an das fenster,
schwimmt blätter vom baum.
ich seh ihm ins wasser, er
taucht mich ein.

hainichen

in dörfern lebte ich noch nicht nur
nahe daran in ländlichen städten wo
die pflasterstraßen ruhig unter
den rädern lagen und über mittag leiser
gesprochen wurde wo ich täglich
meine spuren ertappte und zeit
sich fast unbeholfen über die tage
dehnte heut scheint es stiller geworden
im verhaltenen lärm gelegentlich
quetschen sich träge tauben unter
rotierende reifen unbemerkt wechseln
stunden ihre bedeutung die schritte
schwärmen weniger zu schmal ist
die stadt für verstecke kinder gehen
allmählich aus

dorf april

der aprilschnee des kirschbaums
war auseinander gesprungen gleich wieder
erfroren gebündeltes reisig lag auf dem weg
wie für ein feuer bäume zitterten schon
an der feldsteinmauer welkten balken für häuser
gegenüber der kirche schliefen zimmer
zwischen den wänden ein fenster
brannte bis in den morgen hunde
bellten sich über höfe entgegen straßen
getrocknet die stille des dorfes
war schweigen legte zäune angeschlagen
das schwarze holz der fensterkreuze und tore
der see ein altes versprechen des meeres
ein himmel kippte licht in den tümpel
das laub vieler winter bildet sich neu
überwachsen sind wunden im mai
kaum zeit sich zu ändern wohin jedes jahr
das ungleiche leben

neuendorf

braun heben felder im wind ab
aufgeregt ist das meer
der tag meidet die gegend
verkürzt hat sich der weg
läuft in die wellen der schaum
dieses himmels liegt weiß
auf den wiesen und schmilzt
an hysterischen hecken vorbei
in ein verschlossenes dorf geh ich
zwischen zwei häusern warte
in langsamer zeit obwohl
er nur bellt vertreibt mich
ein hund später sind stimmen
an türen keine bewegt mich
ein ende hat sich erreicht

die räume

verklärt

ein farbiger unpassender fleck
auf dem fußbreiten weg bin ich
die unlust des nackten himmels
sich in die gegend zu ducken
am horizont flimmern häuser
stülpen die bilder im kopf
auf den höfen der kindheit
im gewimmel der groben hände
nahmen räume ihre augen von mir
in gestalt weißer tücher rissen
uhren an den wänden fällige löcher
mit abgesprungenen füßen flog ich
auf geschlossene zeit zu farben
öffnen alles auf einmal kommt

farb wechsel

augen verloren an farbe
die häuser der straße nach und nach
ihre fenster an tiefere räume
je weiter ich mich von ihnen entfernte
stellten sich schwarze löcher davor
der kleine fluß führte wenige brücken
die gebäude am anderen ufer
standen leer aus dem grund
war wasser in die wände geschlichen
das gedächtnis begann sich
von blicken zu lösen
der fluß wechselte oft seine farbe
an der still gelegten fabrik niemand
wollte sich daran erinnern

stadt rand räume

sträucher haben die tür verstellt
geöffnet sind alle scheiben
die hänge zur vorstadt abgeflacht
jahre durch augen gegangen
bäume die früher pfosten waren
sind sich näher gekommen aus
gebreitet hat sich die wiese
büsche ziehen wege zusammen
an rostigen haken der brauerei
hast du dich gehalten auf lippen
haben wir uns gebissen jeden laut
die leeren hallen vergrößert jetzt
liegen sie in den trümmern frei
hat der himmel wurzeln gespült
als er den hügel von oben begann

regen im haus

der regen war eine folge des himmels. er goß blicke
zusammen die weitesten worte. verliefen
im wind. rückten die räume näher. versprachen
besuche und briefe. auf der stelle schwiegen
bücher mit angeschlagenen sätzen. die züge
fuhren pünktlich und leer an sich vorüber.
erste blumen überstanden nächte nur selten. wolken
drückten tage in größere löcher. breite straßen
zerfuhren ränder der stadt. häuser gaben auf. bäume
wehrten sich in ihren blattlosen ästen. einer fiel auf
die schienen. das wirkte. moos trank sich fett
an den wurzeln. eine treppe stieg in das haus
ohne wände. in den zimmern wuchsen ziegel
übereinander. und bäume die jung waren.
ich zählte augen des regens. stellte mich unter.
trat offen zurück. dem dach fiel der kopf.
ich lief aus dem bild.

landgasthaus

buschwindröschen schieben erde auf.
der tag wird nach bäumen gezählt.
die zeitung erscheint eine nacht später.
vor dem fenster wehen grüne kleider
und spitz. der schwan auf dem see
ist verschneit. unbewegt bleibt er länger
als die augen auf ihn. der sandweg
zum dorf wird in stein gegossen. solange
will ich noch bleiben. der wirt
bessert das boot aus. die einzige nähe
zum meer. zwei mal die woche
kommt vergeblich die post.
ich bin der einzige gast, ich hab noch nie
die enten so schreien gehört.

die zeit

kindheit der bilder

wir verschreiben uns die kindheit.
mit jedem satz. das alter der bäume
der bilder. in ihnen wächst sie sich aus.
von den farben die rinde zu wischen.
kommt fingern gleich. die einer hand fehlen.
in jedem auge vergeht sich die sonne.
in jedem zuerst. zeit ist ein verlassenes wort.
wir bewegen uns in ihr. sie schlägt uns
in bildern. orte füllen den raum mit leere.
so haben wir platz um die sprünge der schatten.
über unsere körper zu beugen.

reisen

für manche worte brauchst du
die kulisse eingewachsener wege
für das umblättern vergangener seiten
die zurückfahrende landschaft der bäume
für den schnee kalten regen
du legst dir nach innen das augenlicht

wer dich nicht anspricht sieht schlaf
du bist allein mit der zeit
rollen dir ohne grund tränen auf lippen
wann hast du zum letzten mal den regen
getrunken der durst lief aus flaschen
wasser braucht für die kulisse das meer

sonst schwimmt es zu frei
südwärts geht der fluß in die breite
ein sinnloses schiff das kein ufer erfährt
dir brechen flügel den arm
als du aufkamst hat dich jemand gefragt
was dir fehlt du meintest dich selbst

weiter ab

ungezählt bin ich durch bäume gegangen
dazwischen die straße glatt und begrenzt
weiter ab sind bänke in den boden gelassen
eine steht kopf ich setz mich daneben
hier ist jedes fremde gesicht ein ereignis
für mich wird ein anderer kommen noch
gähnt das breite verschlüsselte haus
gegen den himmel der die gegend am meisten
belebt oder farben entzieht mit meinen worten
haben mich namen versprochen die an den türen
geblieben sind mir durch ihre stellung augen
geöffnet haben jetzt wird es zeit aus
dem rahmen zu fallen und nach dem regen
zu gehen der alles ein bißchen verändert

gräber umgehen

der tod hat vier ränder, pflanzt in die erde,
verändert die nahen gesichter entfernt.
blumen liegen gefaßt, wie die hände.
was war, hat dich vergessen. was bleibt,
verliert langsam die zeit. du gehst an dir
vorüber, greifst in das wasser des brunnens
durch eis, ziehst den kopf über augen.
läßt finger vor kälte vergehen, berührst
keinen stein, der die stirn drückt. die amsel
im gläsernen laub erschrickt vor dem zucken
des körpers. suchst nach steinernen zahlen,
die dir gehören, gibst auf. schreie der krähen
fallen schwarz in den schnee. die gerötete
hand deckt sich mit ihnen, erwärmt sich.

abschied

lege das letzte in den koffer
entferne meine schritte
aus der verwohnten zeit
fallen vergessene worte
von den wänden rieselt
wasser stürzt zu boden
schnell springt die tür
ins schloß buchstaben
tropfen vom briefkasten
in mir richten sich
augen gegen das fenster
glas schlagen
wellen irgendwann
laufe ich übers meer

die worte

gedicht vortrag

ich stand steif vor der klasse
unter geröteter haut richteten sich
die worte in vorgeschriebener folge
meine stimme flattrig die gehissten fahnen
auf dem appellplatz wenn sich der wind
hinter der mauer überschlug
die tücher straff um den hals lagen
ein ernstes lächeln trat auf der stelle
finger spielten an der hosennaht
ein ruhiger himmel schwieg sich
im zimmer aus schwache betonung setzen
noch gut wo ich mich aufbaute
narbte kein stein

eine geschichte vom krieg

auf dem weg zur kaufhalle in berlin,
kurz vor dem fest, auf besuch, erzählte mir vater,
wie er an der wand stand als junge
am ende des krieges in karlsbad.

die augen an der baracke fast schon
erloschen, von zwei trunkenen russen
beschrieen, die revolver im rücken
neben den frauen und anderen kindern.

die beine zitternd und naß, wußte er
nicht mehr, was er damals gedacht hat,
nur an das weiß des holzes kann er sich erinnern.
und wie er nach seiner mutter nicht rief,

die in der baracke versteckt war
und aus dem fenster schlich an der rückwand
zu den offizieren mit einer anderen frau,
die ihre landsleute, nachdem schon ein schuß fiel,

beinahe erschlugen dafür, daß vater die augen
so weit es ging, schloß. und niemand
wagte noch einen laut. ich hörte nur zu,
schaute ihm nicht ins gesicht, es schneite.

komm laß dich

als würden vögel den donner rufen. wechseln sie
aufgeregt ihre plätze. ungeschminkt liegt
das grün und breit in den flächen. blind
stechen blitze ins tageslicht. wir suchen
den passenden stand in den schritten. wo die luft
klar in den worten steht. sprechen wir los
aufeinander. im rand geht der himmel ins dunklere
blau. als hättest du es für mich verloren.
hängt ein tuch in den zweigen des armstarken
stammes. es ist rot in den falten. hier kannst du
noch nicht gewesen sein. hier sind blicke
zu schwach. wenn sie die kopfhaut verlassen.
ersetzen sie augen nicht. laufen dir nach. komm
laß dich verfolgen. und geh mir durchs bild.
es macht den regen nicht naß.

die worte leerer

die briefe sind nicht zurückgekehrt.
wenn es etwas zu sagen gäbe.
würden die worte leerer. so leicht fallen sie.
um das zimmer hat sich das haus gestellt.
um das haus kriechen die straßen.
ohne weiteres sind wir so noch verbunden.
nur das meer tränkt dieses netz.
läßt es vergessen. ich liebe das meer.
verstehe dich gut. besser schweig.
und geh dir aus deinen augen nach.
die alten freunde teilen wir uns. über sie
reden wir selten. und irgendwie ohne stimme.
es wird gut sein. wenn du das meer überfliegst.
die welt ist enger als wir früher noch glaubten.
jeder verlebt sich an anderen stellen.
ich will sie weiter voneinander entfernen.
vielleicht übertreibe ich. leben ist schneller
als wir in den dingen. die wir verfolgen.
und einer stirbt immer zuerst.
bin ich mir sicher. als wäre ich tot.
dabei schlief ich ein.

rauschen

nachtfrost hatte die gegend gelöscht,
farben brachen ineinander. du hast mir
geschrieben, wechsle dich aus und den namen
an eine andere tür gesprochen. das holz war hart
für deine weichen lippen. das rauschen
nach dem brand der bäume war noch warm.
du hast mein haar aus deinem mund gerochen.
der kopf war nackt und flüssig deckte sich
die hand im wasser auf und das gesicht
schwamm in den blick zurück. ich schrieb dir
ohne nur ein wort die alten stellen aus.
es war kein brief. es war mein leben.

die wege

eine geschichte des weges

gras ist gemäht, an der rückwand
des hauses verliert sich ein baum.
laut sind die vögel, vielleicht sind es drei.
unter dem fenster steht ein tisch,
darauf zwei gläser, beide randvoll.
der regen unterscheidet sie nicht.
das holz aus den stühlen liegt verwachsen
im busch. lange kann ich nicht sitzen.
will die steine zählen unter dem putz
als hätten sie ein geheimnis.
ich vergleich an der tür den namen.
die augen sehen sich klein. hell
sind die bilder, die worte schwer
zu erkennen. da hilft auch kein schweigen.
aus dem baum fliegen plötzlich die vögel.
ich beeil mich zu gehen. kopf
hoch verkürzen nesseln den weg,
der an mir vorbei führt.

unterwegs

unterwegs versöhnen wir uns mit musik
einen finger am knopf daß er nicht ausschlägt
uns zurückwirft auf unsere augen unterwegs
wenn die orte nur namen haben und die zeit
immer zu spät auf uns kommt oder mit einem
zögernden mund nicht sagt was zu den namen
der orte gehört unterwegs wenn die ohren
sich durch musik berühren und straßen sich
abbiegen von unseren worten die wir am ende
erwarten und der kopf nicht verrät wenn wir
meinen es geht so ein schritt am nächsten
vorbei unterwegs wenn wir uns mit halber
stimme gegen einander verschweigen solange
wir mit musik von den lippen lesen versetzt

offene stellen

wir standen den bergen gegenüber. sahen sie nicht
wie erwartet. ihre grüne haut hatte offene stellen.
sie schmerzten in den trockenen augen. wir liefen
unter oberen schichten. meter um meter zur höhe.
um die müden tage in die tiefe zu lassen und worte.
die wir uns vor die füße traten. wurden schwach
in der ferne. wir zogen die hand nach. und die eigene.
der fluß den wir kreuzten alle minuten wurde lauter.
dann hörte auch er auf. sich über unsere blicke zu wagen.
mit den wolken verliefen schatten. der abend stand schnell
in den uhren. wir stiegen zurück. was uns zog.
jetzt mußte es stützen. die augen brachten im dunkeln.
das offene ans licht.

der weg

an einigen stellen fraß sich die wiese durch den weg.
ich erkannte ihn wieder. er hatte sich eingeholt.
verbarg sich vor wem. an seinem fuß war ein haus
der zeit verfallen. an seiner stirn begann mein kopf
zurück zu drehen. steif und dünn den augen bilder
schichten abgeschält. der schwarze stift
schrieb immer röter. auf den abgeheilten farben.
und holte jedes wort aus falschen sätzen. ab
geschlossen war die tür. das haus stand offen. trat
mich ein. und schlich an meinen wänden auf. stieg stufen.
bis ein loch darin den ersten schritt verschwand.
ich nahm dem fenster eine scherbe aus dem blick.
und hielt sie zwischen mich.

nach hause

tagelang wühlte der wind im himmel, steckte
bäume an, die sich den sommer austrieben.
die gefallenen lagen im zimmer und trugen die zeit
ihrer schritte. hinter dem fenster rauschten
die grünen stimmen, riefen besuchte meere
zusammen und städte, die sie verbargen.
von tag zu tag verloren sie farbe und an gehör.
augen brachten spiegel zum schweigen. herbst
stärkte den schlaf, verrückte grenzen von licht
und ließ dem körper worte entlaufen. schlaf
wusch sie weiß. verschneit war der weg
nach hause.

das meer

hiddensee dezember

der leere strand gegen mittag
das wasser greift vor und zurück im sand
das wort leben gefunden die sonne
spiegelt wo der boden getränkt ist

den mund voll genommen mit whisky
mein schatten ist kaum noch ein umriß
der sich verlängert und abgeht eng
liegt im kopf nur ein rauschen durch

eine stimme an den sätzen mit dir
zieh ich das weit gestrickte muster
vom schädel im ähnlichen augenblick
stoßen zwei möwen voneinander ins meer

insel kopf

vergitterte bunkerwände liegen am kopf
der insel gestoßen das meer plätschert dahin
vergangene hände haben einzelne federn
an finger starke drähte gebunden im stein

nach dem sommer werden sie fliegen
hier sieht man teile der wurzeln von unten
ohne zu sterben steil blättert die küste
aus dem sand zeigt eine rostige uhr

sie ist naß ihr vergeht diese zeit später
hab ich den schwan für die federn gefunden
ihm fehlte der kopf nur am körper
war das bild seines schattens zu ändern

den kopf in ihr haar

weiche kugeln wälzen sich durch die heide
ihr gelb drückt augen vereinzelt
schwimmen häuser im blickschweiß teer
auf der straße nimmt abdruck von abdruck
inzwischen tröstet wasser den mund
ständig das echo der stimme im ohr
die du ihr ins wort heben wolltest
du träumtest den kopf in ihr haar leer
kommen anrufe wieder abgelöst ist dein zimmer
das boot bekam wolken kratzte den stein
über den hafen bist du gestoßen
ins weichende ufer ein ring schloß den körper
an land du versuchtest bilder zu schreiben
die falschen farben zu lesen worte
fanden in ihren augen den satz
das wolltest du sehen wie konntest du nur
ihre hand in die arme streichen jeden zug
hast du vom hafen geholt sie kam überraschend
zur insel gelaufen der mund blieb dir offen
hinein hat sie küsse gesteckt dir gewunken

ufer flüge

uferschwalben ziehen der küste see
gras aus den steinen, sammeln
die löcher im sand des felsens zum nest.
augen spannen ihre flüge, die wir landen.
traurigen tieren gleich liegen äste
nackt am meeresende. ein schädel hebt
und senkt den blick aus stein im wasser.
betonwände halten den teer,
vom letzten krieg noch aufgetragen,
die eingedrückten namen sind im licht
geschmolzen, als sollten sie bleiben,
verstößt sie das meer. die steile küste
fällt von sturm zu sturm, verfliegen
vögel. der bunker ruiniert ihr geschrei.

insel sturm

wolken zerstückeln den himmel
gegen wind in den kiefern lauf ich
zu schnell schiebt er den abend
ins uhrwerk das land unter wasser

der kopf ist den schwalben sehr nah
unter der jacke mach ich dem tabak
ein feuer und geh auf der brücke
die nur zurück führt ein stück

halt ich inmitten der see luft
bläht mich auf rauch wird vom mund
in fetzen gerissen unsicher ist
meine schrift worte davon getragen

das schweigen

raum lassen

die windfahnen herausgehalten
schnell rissen kalenderblätter die zeit ab
wir sahen zurück
auf unsere leergebliebenen plätze
denen wir eine geschichte erzählten
die uns noch raum
für ein schweigen ließ
nur schwer kam es über die lippen
ging leicht mit uns durch

stand lange auf

ein mann stand lange auf der abgefahrenen straße,
schaute dem haus in blinde augen,
ging einen dichten weg. der blick
aus dem zugemauerten fenster lief vom rücken
zum kopf. bäume hielten zurück,
schwere äste berührten den boden.
die quelle hatte sich tief
in den hang geschnitten. die sense
in den händen der frau verharrte,
hatte schritte im gras gemäht.
er sprach sie an, spuren traten hervor,
sie schwieg. ihre schatten kamen zur ruhe.
die gleise verwesten neben dem weg.
er ging an der wiese vorbei, die am anfang
der jahre lag. von birken verstellt,
verholzten die blicke, wurden zum denkmal.

traumholz

schlaf hat bäume in die augen gestellt,
schlank bis zu den wolken,
mit rauhen rinden. an den stämmen
stürzt der regen. ich hab noch nie geweint.
will ich die augen schließen, reibt sich
das holz und splittert in den blick.
ein messer zieht die hand hinein.
der körper blättert ab, im mund erstickt
das laub. dann fällt der schnee
in einer fremden farbe. als ich erwach,
berühre ich den baum, um den ich steh
und schließ das licht.

vom schweigen tief

der wald ist stiller geworden
im frühen jahr vom schweigen
tief zieht das wasser spuren

in eine mitte des bodens weit
am rand ruht die menge im schwanken
des lichtes zwischen den türen

kein haus berührt das andere
entfernt an weichen stellen
sinken blumen aus der erde weiß

still

bäume haben licht der laternen frei
gestellt der weg schleppt sich von mast

zu mast sehr langsam gehen zwei körper
als müßten sie diesen abstand halten

nebeneinander vor dem tod ist es still
hier berühre ich nichts beweg keinen blick

im haus steht der abend wände
halten den raum bevor ich bleibe

sehe ich nach ob der schlüssel im schloß
steckt sich dreht

die stimmen

für immer

als der baum in den blättern verschwand,
gab es nichts mehr zu sagen.
die zimmer wuschen sich an hellen wänden.
der staub schrieb namen auseinander,
die sich im winter noch verschwiegen.
immer das aufbäumen der zweige, hast du gesagt
und den strauß in der vase verblühen lassen.
die reisen begannen an den fingern
wieder tiefer zu werden
und orte liefen unter schritten augen weiter.
wir gewöhnten uns an briefe,
die wir erwarteten und an stimmen,
die gleich klangen. nur die sätze sprachen sich aus.
dein haar wurde länger und länger wie ich
es fallen ließ aus der hand in den schoß
deiner lippen.

liebesnatur

für K.

die nacht wuchs ins fenster.
schön dieses zucken
des baumes im dunkel.
hände glitten ins fleisch
aus den häuten.
die wände der körper
leckten unsere lippen,
färbten sie ein. mit jedem
laut kam das wasser,
das dir den fluß aus der hand
nahm. am ufer des sees
erzählten wir uns die geräusche
an finger und haar,
gingen nackt bis zum hals
ineinander. die zunge
schied uns aus dem mund,
schloß tiefe stellen.
feucht stand das zimmer,
fand der atem zurück
lief aus dem gesicht,
holte es ein.

echos beschreiben

ich hätte zurück gehen können
alte berührungsflächen verstreichen
sonnen untergänge verspielen
zwischen vertrauten bäumen die ab
einer höhe seltener wachsen sprach
lose echos beschreiben

an zahlen vergingen sich jahre
abgewandt das gesicht konnte es worte
verdrehen bis sie ins bild bogen
es gab eine stimme die für mich
schwieg die mich besuchte damit
ich allein war

manchmal war es ein lächeln das
schiefer wurde je weiter es auf mich
kam dann hatte es andere augen ich
hätte hier bleiben sollen wäre zeit
enger gekommen beim dehnen des kopfes
das echo geplatzt

dorf hof

im innenhof raucht ein mann, schaut um sich.
löwenzahn, wände neben den löchern,
rostende ackerschaufeln, von vogelstimmen
geschnitten, kreist eine säge.
über dem tümpel streckt sich ein toter baum.
das gänsepaar wie schräg in den himmel gezogen,
entfliegt seinem kopf. aus dem rauch
formen sich lippen, die hand
gräbt in der tasche. ein scheunentor
steht frei gelehnt, die klinke blättert braun.
das haus zur tür hat wintermonate versperrt.
die alten scherben in den büschen blühen zu.
er schnipst die kippe in das regenloch,
gelb abgedeckt von ungezählten zügen,
geht er ins fenster nach dem wieder
kommen und sitzt am tisch die augen aus,
und spricht.

du sagtest, alles

schwarz und feucht greifen die bäume ein
armig in den boden. wolken drücken sich, auf
den zementierten tischen sammelt sich staub
der blätter in kleinen pfützen. leere plätze
reihen sich aneinander als wäre die zeit aus
dem gang gekommen, macht laub die wege blind.
anfällig sind gesichter, die sich in kleineren
räumen bewegen. sie hinterlassen laufenden
spiegeln ein anderes bild als sie sehen.
die haut der zimmer wird warm. ich verschlafe
den zug, der nur noch vorbeifährt, dein haar
das mir nachweht am fenster. du sagtest,
alles läuft auf die gleichen dinge hinaus.
für solche sätze wollte ich worte erzählen.
mit dem zögern, sie zu verlieren, wartete ich.

die augen

eine geschichte aus dem tal

das haus war gegen den berg gestemmt,
schwarz sein holz von all den wintern.
die sonne bog gelbe schatten ins tal.
oder es regnete tagelang. oder schneite.
das leben hatte nicht viele worte.
und das schweigen roch nach feuchtem gras,
das sich vom boden erhob.
in den schränken hingen kleider,
die in ihrem staub nach flieder dufteten.
ein schmetterling saß an der decke,
von den fäden der spinne gehalten.
die schritte auf den dielen erzählten
den schritten auf den dielen. darunter
ruhte das haus. darüber die welt.
die fort waren, nach denen fragte man nicht.
blumen schmückten das haar der gräber.
die kirche ragte über sich hinaus.
über die träume sprach niemand. bald
vergaßen sie, wem in der nacht sie gehörten.
die augen sahen was sie waren. manchmal
wurde ein haus von einer lawine
mit sich gerissen. es ist lange her.
die berge nahmen sie mit in den tod
als könnten sie fliehen.

näher kommen

ich drückte meine stirn gegen die scheibe.
vor dem licht zog ich die augen zu boden.
langsam nahm der schweiß eine größere fläche ein.
ich war auf der gleichen strecke.
meine rückkehr glich einem näherkommen.
ohne die orte in ihrer vergangenheit zu berühren.
es gab stellen die mir im bild waren. sie schienen
verändert. als hätten zu viele augen auf sie gesehen.
wenn schatten auf die scheibe fielen.
wurde der schweiß kalt. dann griffen augen
wieder tiefer in die gegend. farben zeichneten
scharfe ränder. obwohl es weniger wurden.
die fahrt endete dazwischen. körper
die den verlassenen ähnelten. gingen in die dunkelheit
über. mit ihnen sah ich mich. von innen klopfte es
an die tür des hauses. war es das fenster
im hintergrund. als ein zimmer das licht löste.
ich war mir nicht sicher. ich schlief auf den gleisen.
ich wollte den zug nicht verpassen.

augen im gesicht

das gesicht verändert sich
in den augen am meisten.
nie sind sie zurück
zu verfolgen. ihre schatten
sehen durcheinander.
jeder hat ein anderes
wort zum erinnern.
als hätte es keine stimme
einen weg in die sätze
zu finden. geräumig
schweigen sie mit der zeit,
die wir erwarten.
das vergrößert den blick,
der im gesicht steht,
der nachkommt.

zugesehen

ich habe dir lange beim schlafen zugesehen.
dann wurdest du müde davon,
wie die tür ein und ausging und ich
immer zwischen ihr stand und die stühle
den tisch drehten und uns gegenüber saßen,
immer das eigene wort im nacken.
was du sagtest, verschwieg ich.
was ich sprach, versagtest du mir.
ich habe dir lange beim schlafen zugesehen.
wir hatten kein bett, ein aufgeschlagenes
zimmer. wir überklebten wände
mit fotografien von beiden seiten,
die unter ihnen gerissen waren.
so trennte sich unser gedächtnis
bis uns das licht vom papier schien,
so dunkel war es.

augen verteilt

du hast deine augen verteilt. wir haben uns selten
gesehen im letzten jahr. du hast viel gesprochen.
dann war das schweigen nicht zu verstehen.
wir haben versucht zusammen zu reißen jeder
für sich was getrennt war. keiner sollte es merken.
einige wege sind wir nebeneinander gegangen.
an der oberen fläche der wörter.
auch ein abschied will seine zeit benutzen.
ich sagte wir sollten gemeinsam verreisen.
das frühjahr hatte noch nicht begonnen. dafür
war es sommer. und ich stand am fenster. der schnee
nahm augen die farben. geschichten hatten ihre orte
verloren. zeit kam dazwischen. das war es.

die schatten

tiere im novemberpark

ein blasser schatten wird in den teich
gestoßen das restaurant ist bis auf weiteres
schon tot die vögel folgen ihren flügen
zwischen dem gitter muster spielt das licht
den raschen untergang die tiere holen
teile dieser welt an diesen falschen ort
und leben langen reisen gleich von fraß
zu fraß die stumpfen wege sind sehr schön
ins gras gezogen spuren treten füße
breit und jeder baum leert seinen rest
in diesen schiefen wind das große tor
wird bald ins schloß geschlagen nur in
den bildern fragen wir die augen wach bevor
das letzte blatt den himmel offen hält

unten durch

regen hat rinden dünn gewaschen,
schwarze zweige bilden kreuze.
der körper sammelt seine wege auf.
im weiher fallen tropfen in die kreise.
ich lauf in blicken, die vergilbten
fotos gleichen. kaum ein strauch,
der dem kalender folgt.
das wintermesser hat den kleidersack
geschlitzt, arm und beine
hängen ohne fleisch heraus.
das fremde blau verschmiert
das holz, vor dem es liegt.
schuhe sind ans licht getreten.
kein schritt vermißt sie noch.
die pfützenspiegel zittern im gesicht.
darüber scheint der himmel
unten durch.

im inneren der schatten

schweigen liegt dir als echo
im ohr als echo der bäume
die ihr zittern still halten
der hand die dich berührt
in den augen der schritte
die du ausgesetzt hast
den wegen laufen spuren nach
risse gehen durch räume
den stein du öffnest
die tür einen blick breit
aus dem schatten stellt dich
das licht auf den kopf
läßt dich stehen

engelsgeschichte

ich möchte im winter sterben,
wenn die asche des schnees beginnt,
hat mir der mann aus dem fenster erzählt,
der seine tage darin verbrachte.
er hatte sich alles vergeben und schlug
licht mit seinen flügeln zusammen,
und hielt sie offen im schnee.
ich stand oft darunter und roch
seine weiße stimme, die dann herabfiel.
in meinem schweigen nannte ich ihn
mit leeren händen den engel.
er hat mir oft von den lippen gelesen
und mit den worten verglichen.
ich hab ihm geglaubt. das war unser versteck.
was bleiben wird, ist nie gewesen.
zwischen seinen augen ging mein blick auseinander.
die straße wurde gesperrt, das haus entsteint.
ich liebe ruinen, sie haben geduld,
war das letzte, was ich von ihm hörte.
ohne beine trugen sie ihn.
er starb, ohne noch einmal zu sprechen.
ich ging aus dem haus, nahm ein zimmer
am see, sah kaum aus dem fenster,
nur im winter dem schnee nach,
wenn er im wasser verbrannte.

was noch blüht

orte sind umgezogen, die ersten gestorben.
der baum am teich hat mich schon überstanden.
ich hatte immer angst, zu ertrinken,
die see war jahre entfernt.
ich bin dem boden unter die füße gekommen.
mein gesicht hat sich entfaltet,
kaum gibt es fotos davon.
langsam kehren die bilder der spiegel um.
alles hatte sich schon ereignet
als das zimmer die augen öffnete,
fenster aus dem wind kippten.
ich zieh keine grenze
zwischen mir und dem schatten meer.
was noch blüht, ist schon gepflanzt,
der teich auf den grund gesunken. niemand
drängt mich, durch ihn zu gehen.

Die Augen sahen was sie waren
Anmerkungen zur Lyrik von Andreas Altmann

In dem Gedicht «hainichen», welches Andreas Altmanns ersten Gedichtband *die dörfer am ufer das meer* eröffnet, ist von seinem Geburtsort die Rede, einer ländlichen Kleinstadt in Sachsen, wo *die pflasterstraßen ruhig unter // den rädern lagen und über mittag leiser / gesprochen wurde (...) und zeit / sich fast unbeholfen über die tage / dehnte (...)*. Am Ende des Gedichts heißt es dann: *...zu schmal ist / die stadt für verstecke kinder gehen / allmählich aus.*

Was dieses Gedicht und andere frühe Gedichte auszeichnet – kein Pathos, keine großen Worte, eine fast schon schlafwandlerische Fähigkeit, mit wenigen Eingangszeilen einen weiten poetischen Raum zu öffnen, der wirklich ist und nicht wirklich, schließlich eine genau hinschauende Erinnerung, welche Bedeutung freilegt unter dem geläufigen Wortsinn – das hat sich Andreas Altmann auch in den folgenden Gedichtbänden *wortebilden* und *die verlegung des zimmers* bewahrt. Es war an der Zeit, diese eindringliche, ganz und gar unverwechselbare Stimme noch einmal konzentriert, im Brennspiegel einer knappen Sammlung vorzustellen. So bringt der vorliegende Band Texte, die in den zehn Jahren 1991 bis 2000 entstanden sind und die – mit Ausnahme des ersten Gedichts – diesen drei Bänden entnommen sind. Andreas Altmann hat diese Gedichte jenseits von Entstehungszeit und Chronologie in zehn Kapitel mit je fünf Gedichten geordnet, welche in ihren Überschriften auf wesentliche, fast magnetische topoi dieser Lyrik – Dörfer, Räume und Wege, die Augen und das Meer – verweisen.

Lesen wir uns in dieses halbe Hundert Gedichte ein, eine berückende summa des bisherigen Schaffens, so nimmt einen zunächst die Unaufdringlichkeit, die Stille, der Fokus auf einen begrenzten und doch wieder sehr weiten Kosmos in Bann. Türen, Fenster, Bäume, Hügel, Himmel und Regen und Schnee sind wiederkehrende Nennungen in diesem Kosmos. Neben allem anderen schenkt diese Sammlung uns auch wahre Kompendien, was Bäume alles machen können, zu was alles zum Beispiel Fenster oder Wände imstande sind. Zwischen Häusern und Wegen, Bäumen und Vögeln und Geleisen gibt es jede Menge Unwegsamkeiten, Unwägbarkeiten. Oft vermitteln die Gedichte den Eindruck des Stillstands, der Ereignislosigkeit und doch ist beim Lesen, beim genauen Hinhören in vielen Dingen eine immense innere Bewegung. Fenster sortieren den Wind. Ein Weg läuft in die Wellen. Räume nehmen ihre Augen von dem, der spricht. Die Augen sahen, was sie waren. Diese Gedichte sind in ein besonderes Licht getaucht, vielleicht weil ihre zugleich konkreten und seelischen Landschaften unter einer Glocke von Sprache gefangen sind, die alle Trennwände zwischen Innen und Außen niedergerissen hat. Die Gefühle und die Dinge, die ihnen entsprechen, ordnen sich in Zeitlupe um das lyrische Ich.

Andreas Altmann ist in der DDR aufgewachsen. Als die Mauer in Berlin fiel, war er 26 Jahre alt. In seiner Lyrik finden sich so gut wie keine Spuren aus dieser Zeit. Ausnahmen sind – in dem Kapitel «die worte» – die Gedichte «eine geschichte vom krieg» und «gedicht vortrag», eine Reminiszenz an die Exerzitien der FDJ (... *die gehissten fahnen / auf dem appellplatz wenn sich der wind / hinter der mauer überschlug / die tücher straff um den hals lagen*). Regine Möbius, deren Schreibwerkstatt Andreas Altmann 1988 in Leipzig besuchte, hat berichtet, daß er von Anfang an den Eindruck des «Außenstehenden» vermittelte.

Es muß wohl schon immer deutlich gewesen sein, daß er keine Abhängigkeiten wollte, keine Nähe zu irgendwelchen Phrasen und Moden suchte, daß er vielmehr eine eigene Sprache hatte und in ihr registrierte, was er wahrnahm an Zerfall, an Vergänglichkeit, aber auch an Harmonie, im beschwörenden Zurückholen der Landschaft seiner Kindheit und Jugend.

Vielleicht fesselt uns am meisten die Unbeirrbarkeit, mit der Andreas Altmann bei seinen Worten ist. Oft erzwingt er, durch leichte Verschiebung gängiger Wendungen, eine enorme Aufmerksamkeit für das einzelne Wort und dafür, wie dieses einzelne Wort sich zu den einzelnen Worten ringsum verhält. Seinem Gedichtband *wortebilden* hatte er einen Satz von Vilém Flusser als Motto vorausgestellt: «Wenn man Worte beim Wort nimmt, dann zeigen sie, was sie meinen, und sie meinen Bilder.» Ein etwas verschobenes Echo darauf ist Altmanns eigener poetologischer Satz: «Mich interessieren Farben, denen die Bilder fehlen, und Worte, die sie mischen.» Andreas Altmann sieht überall Trennungstatbestände: Dinge, die bei sich bleiben wollen, Blicke, die keinen Halt finden, Staub, der Namen auseinander schreibt, Angesprochene, die schweigen – doch *ihre schatten kamen zur ruhe*. Das Licht scheint vom Papier, *so dunkel war es*. Der Dichter hält die Natur, die Dunkelheit, die Abschiede fest, und will doch die Aufhebung des Trennenden, die Mischung – und findet dafür magische Bilder: *dein haar wurde länger und länger wie ich / es fallen ließ aus der hand in den schoß / deiner lippen.*

Es gibt, bei aller Einsamkeit des in diesen Gedichten Sprechenden, auch eine Handvoll Liebesgedichte wie «den kopf in ihr haar» oder «liebesnatur», Berichte vom Sichfinden und vom schwierigen Dialog: *was du sagtest, verschwieg ich, / was ich sprach, versagtest du mir. / ich habe dir lange beim schlafen zugesehen*. Und es gibt ein Abschiedsgedicht – «augen verteilt» –, das zum zugleich verhaltensten und intensivsten gehört, das die deutschsprachige Lyrik zu diesem Thema überhaupt vorzuweisen hat.

Je mehr wir uns in diese Lyrik einlesen, umso mehr verstehen wir: Hier versucht ein Dichter, die langen bewegenden Momente der inneren Wirklichkeit im Spiegel der äußeren festzuhalten. Dies ist der Anspruch von Andreas Altmann, kein geringer, und er löst ihn für uns zur Gänze ein.

Joachim Sartorius

Inhalt

augen worte   7

die dörfer
lanzendorf verwunschen   11
dorf mitte   12
hainichen   13
dorf april   14
neuendorf   15

die räume
verklärt   19
farb wechsel   20
stadt rand räume   21
regen im haus   22
landgasthaus   23

die zeit
kindheit der bilder   27
reisen   28
weiter ab   29
gräber umgehen   30
abschied   31

die worte
gedicht vortrag   35
eine geschichte vom krieg   36
komm laß dich   37
die worte leerer   38
rauschen   39

die wege
eine geschichte des weges   43
unterwegs   44
offene stellen   45
der weg   46
nach hause   47

das meer
  hiddensee dezember 51
  insel kopf 52
  den kopf in ihr haar 53
  ufer flüge 54
  insel sturm 55

das schweigen
  raum lassen 59
  stand lange auf 60
  traumholz 61
  vom schweigen tief 62
  still 63

die stimmen
  für immer 67
  liebesnatur 68
  echos beschreiben 69
  dorf hof 70
  du sagtes, alles 71

die augen
  eine geschichte aus dem tal 75
  näher kommen 76
  augen im gesicht 77
  zugesehen 78
  augen verteilt 79

die schatten
  tiere im novemberpark 83
  unten durch 84
  im inneren der schatten 85
  engelsgeschichte 86
  was noch blüht 87

Nachwort: Joachim Sartorius 89

Lyrik-Taschenbuch

Nr. 1
Erich Jansen
Aus den Briefen eines Königs
Ausgewählte Gedichte
88 S., brosch., 2. Aufl. 2001
ISBN 3-89086-780-4

Nr. 2
Ernst Meister
Lang oder kurz ist die Zeit
Ausgewählte Gedichte
88 S., brosch., 1999   ISBN 3-89086-782-0

Nr. 3
Joseph Kopf
verwundetes der sprache
Ausgewählte Gedichte
88 S., brosch., 1999   ISBN 3-89086-790-1

Nr. 4
Frank Schablewski
Lauffeuerpausen
Ausgewählte Gedichte
92 S., brosch., 2. Aufl. 2001
ISBN 3-89086-796-0

Nr. 5
Tuvia Rübner
Stein will fließen
Ausgewählte Gedichte
92 S., brosch., 1999   ISBN 3-89086-791-x

Nr. 6
Gerhard Neumann
Mögliches Gelände
Ausgewählte Gedichte (1956-1991)
110 S., brosch., 2001   ISBN 3-89086-922-x

Nr. 7
Arthur Rimbaud
Das Trunkene Schiff
Gedichte. Übertragen von Thomas Eichhorn
(Werke Bd. 1)
96 S., brosch., 2. Aufl. 2000
ISBN 3-89086-871-1

Nr. 8
Michael Guttenbrunner
Schwarze Ruten Gedichte (1947)
64 S., brosch., 2004
ISBN 3-89086-769-3

Nr. 9
Reinhard Kiefer
schwärmerlatein oder küchenhebräisch
Ausgewählte Gedichte
96 S., brosch., 2000   ISBN 3-89086-781-2

Nr. 10
Dagmar Nick
Wegmarken
Ausgewählte Gedichte
92 S., brosch., 2. Aufl. 2003
ISBN 3-89086-760-x

Nr. 11
K. O. Götz
Im Nebel zweier Äxte
Gedichte
4 Abb., 32 S., brosch., 2. Aufl. 2000
ISBN 3-89086-878-9

Nr. 12
Tchicaya U Tam'si
Welch böses Blut
Ausgewählte Gedichte
84 S., brosch., 2000   ISBN 3-89086-761-8

Nr. 13
Erich Arendt
Feuerhalm
Gedichte (1973)
76 S., brosch., 2000   ISBN 3-89086-763-4

Nr. 14
Emil Barth
Im Morgenlicht meiner Augen
Ausgewählte Gedichte
88 S., brosch., 2000
ISBN 3-89086-764-2

Nr. 15
Erich Arendt
Trug doch die Nacht den Albatros
Gedichte (1951). Hrsg. Gerhard Wolf
ca. 84 S., brosch., in Vorb.
ISBN 3-89086-698-0

Nr. 16
Erich Arendt
Bergwindballade
Gedichte (1952). Hrsg. Gerhard Wolf
120 S., brosch., 2004   ISBN 3-89086-697-2

Nr. 17
Erich Arendt
Memento und Bild
Gedichte (1976). Hrsg. Gerhard Wolf
ca. 84 S., brosch., in Vorb.
ISBN 3-89086-696-4

Nr. 18
Michael Guttenbrunner
Opferholz
Gedichte (1954)
ca. 84 S., brosch., in Vorb.
ISBN 3-89086-674-3

Nr. 19
Max Hölzer
Nigredo
Gedichte
Mit einem Nachwort von Wieland Schmied
ca. 70 S., brosch., in Vorb. für 2005
ISBN 3-89086-665-4

Nr. 20
Erich Arendt
Zeitsaum
Gedichte (1978). Hrsg. Gerhard Wolf
ca. 84 S., brosch., in Vorb.   ISBN 3-89086-695-6

Nr. 21
Rafał Wojaczek
In tödlicher Not
Ausgewählte Gedichte.
Aus dem Polnischen
und mit einem Nachwort
von Gregor Simonides und Tobias Rößler.
96 S., brosch., 2000   ISBN 3-89086-762-6

Nr. 22
Michael Guttenbrunner
Die lange Zeit
Gedichte (1965)
ca. 90 S., brosch., in Vorb.   ISBN 3-89086-673-5

Nr. 23
Dagmar Nick
Liebesgedichte
96 S., brosch., 2. Aufl. 2003   ISBN 3-89086-778-2

Nr. 24
Paul Wühr
Leibhaftig
Ausgewählte Gedichte
108 S., brosch., 2001   ISBN 3-89086-724-3

Nr. 25
Erich Arendt
Flug-Oden
Gedichte (1959)
92 S., brosch., 2002
ISBN 3-89086-726-x

Nr. 26
Moses Rosenkranz
Visionen
Ausgewählte Gedichte
ca. 96 S., brosch., in Vorb. für 2004
ISBN 3-89086-728-6

Nr. 27
Alfred Margul-Sperber
Jahreszeiten
Ausgewählte Gedichte
64 S., brosch., 2002   ISBN 3-89086-741-3

Nr. 28
Michael Guttenbrunner
Ungereimte Gedichte (1959)
100 S., brosch., 2002   ISBN 3-89086-746-4

Nr. 29
Frank Schablewski
Mauersegler
Gedichte
52 S., brosch., 2002
ISBN 3-89086-745-6

Nr. 30
Arthur Rimbaud
Illuminations / Leuchtende Bilder
Gedichte (franz./deutsch) (Werke Bd. 4)
Übertragen von Reinhard Kiefer und Ulrich Prill
m. Anm. v. Claude Jeancolas und e. Text v. Michel Butor
160 S., brosch., 2004   ISBN 3-89086-870-3

Nr. 31
Erich Arendt
Gesang der sieben Inseln
Gedichte (1957)
108 S., brosch., 2002   ISBN 3-89086-711-1

Nr. 32
Robinson Jeffers
Unterjochte Erde
Gedichte. Nachwort von Eva Hesse
ca. 96 S., brosch., in Vorb.
ISBN 3-89086-710-3

Nr. 33
Erich Arendt
entgrenzen
Gedichte (1981). Hrsg. Gerhard Wolf
ca. 84 S., brosch., in Vorb.
ISBN 3-89086-694-8

Nr. 34
Rose Ausländer
Grüne Mutter Bukowina
Gedichte. Hrsg. Helmut Braun
176 S., brosch., 2004   ISBN 3-89086-677-8

Nr. 35
Hans Weßlowski
Aus weißen Hallen
Gedichte
60 S., brosch., 2003
ISBN 3-89086-689-1

Nr. 36
Elisabeth Axmann
Spiegelufer
Gedichte 1968–2004
96 S., brosch., 2004
ISBN 3-89086-678-6

Nr. 37
Alfred Kittner
Der Wolkenreiter
Gedichte 1925–1945
96 S., brosch., 2004
ISBN 3-89086-699-9

Nr. 38
Alfred Kittner
Wahrheitsspiel
Gedichte 1945–1991
ca. 96 S., brosch., in Vorb. für 2004
ISBN 3-89086-666-2

Nr. 39
Jürgen Nendza
und am Satzende das Weiß
62 S., brosch., 2004
ISBN 3-89086-657-3

Nr. 40
Julia Weiteder-Varga
Scherbennacht
Gedichte
68 S., brosch., 2004   ISBN 3-89086-656-5

Nr. 41
Eva Hesse
Lyrik Importe
Ein Lesebuch
328 S., brosch., 2004
ISBN 3-89086-687-5

Nr. 42
Andreas Altmann
Augen der Worte
Gedichte aus zehn Jahren
104 S., brosch., 2004
ISBN 3-89086-654-9

Nr. 43
Hans Weßlowski
Was außen wie innen war
Gedichte
68 S., brosch., 2004
ISBN 3-89086-655-7

Nr. 44
Jörg Stöhrer
Mauerbrüche
Gedichte
74 S., brosch., 2004
ISBN 3-89086-653-0

Nr. 45
Benjamin Péret
Das große Spiel / Le grand jeu
deutsch/französisch
Ausgewählte Gedichte
Übersetzt von Heribert Becker
124 S., brosch., 2004
ISBN 3-89086-652-2

Lyrik-Taschenbuch Nr. 42
Hrsg. von B. Albers

Die Gedichte wurden den Bänden *die dörfer am ufer das meer*,
Chemnitzer Verlag, Chemnitz 1996; *wortebilden*,
Kowalke Verlag, Berlin 1997 und *die verlegung des zimmers*,
Kowalke Verlag, Berlin 2001 entnommen.

Bibliografische Information Der Deutschen Bibliothek
Die Deutsche Bibliothek verzeichnet diese Publikation in der
Deutschen Nationalbibliografie; detaillierte bibliografische Daten
sind im Internet über http://dnb.ddb.de abrufbar.

Alle Rechte vorbehalten
© 2004 Rimbaud Verlagsgesellschaft mbH
Postfach 10 01 44, D-52001 Aachen
Einbandgestaltung: Jürgen Kostka, Aachen
Satz: Walter Hörner, Aachen
Schrift: Stempel Garamond
Säurefreies Papier
ISBN 3-89086-654-9
www.rimbaud.de